# NOTE

SUR

# CHAUVIGNY DE POITOU

## ET SES MONUMENTS

PAR

## M. Charles TRANCHANT

Membre de la Société des Antiquaires de l'Ouest
Ancien Conseiller général de la Vienne pour le canton de Chauvigny

PARIS

IMPRIMERIE LÉAUTEY, RUE SAINT-GUILLAUME, 24

1884

# NOTE

sur

# CHAUVIGNY DE POITOU

## ET SES MONUMENTS

# NOTE

SUR

# CHAUVIGNY DE POITOU

## ET SES MONUMENTS

PAR

## M. Charles TRANCHANT

Membre de la Société des Antiquaires de l'Ouest
Ancien Conseiller général de la Vienne pour le canton de Chauvigny



PARIS

IMPRIMERIE LÉAUTEY, RUE SAINT-GUILLAUME, 24

—

1884

# AVERTISSEMENT PRÉLIMINAIRE

Les indications contenues dans la présente Note sont, en presque totalité, tirées de deux Notices que l'Auteur a publiées sur Chauvigny :

1º *Notice sommaire sur Chauvigny de Poitou et ses Monuments*, 1 vol. in-18, Paris, 1882 ;

2º *Chauvigny de Poitou*, Notice insérée dans les *Paysages et Monuments du Poitou*, publiés par M. Jules Robuchon, in-folio, Fontenay-le-Comte, 1882.

Il s'agit ici d'un court résumé destiné, avant tout, à servir de guide aux visiteurs des Monuments de Chauvigny et devant être, par suite, consulté rapidement ; on ne sera pas étonné de n'y point trouver, sinon très incidemment, la mention des sources : l'Auteur se réfère, en ce qui les concerne, à la *Notice sommaire*.

# NOTE



# CHAUVIGNY DE POITOU

## ET SES MONUMENTS

### LA VILLE DE CHAUVIGNY ET SON HISTOIRE

La petite ville de Chauvigny de Poitou ou Chauvigny sur Vienne, commune d'environ 2,600 habitants et chef-lieu d'un des cantons de l'arrondissement de Montmorillon, s'étend sur les deux rives de la Vienne, à l'endroit où la rivière est coupée par la route nationale n° 151, de Poitiers à Avallon. La partie principale, celle qui, à proprement parler, forme la ville, est placée sur la rive droite.

Chauvigny a une origine très ancienne : on retrouve dans son voisinage immédiat des souvenirs des temps les plus reculés. La grotte de Jioux ouverte sur le flanc d'une des vallées qui débouchent près de la ville est l'un des types les mieux caractérisés des habitations primitives de la Gaule. — La plaine située au sud de Chauvigny a été un centre d'habitation d'une certaine importance, à l'époque gallo-romaine, et l'on y a recueilli des nombreux vestiges de cette période. Un poste d'observation et de protection dut s'établir, au temps troublé des invasions, sur le point culminant qui a porté plus tard le château de Chauvigny et les habitations se groupèrent, peu à peu, de ce côté.

Des récits légendaires, dont nous dirons un mot plus loin, présentent, au sujet de l'histoire de Chauvigny, des détails qui remontent à l'époque de la conquête franque et même un peu au delà (1). Il faut plus modestement descendre aux environs du fameux an 1000 pour arriver à des données vraiment certaines. Au commencement du XIᵉ siècle, on trouve les évêques de Poitiers investis de la seigneurie de Chauvigny. On ne sait pas bien l'origine de cette possession, mais les évêques, la preuve en est au moins indirectement acquise, avaient eu pour prédécesseurs les ancêtres de cette famille célèbre de « Chauvigny » qui a été maîtresse pendant trois cents ans, en Berry, de l'importante seigneurie de Châteauroux. Les Chauvigny conservèrent sur le fief dont ils avaient le nom un droit « seigneurial et féodal » qui passa, après leur extinction, aux Maillé leurs descendants par les femmes (2).

Suivant toute vraisemblance, l'évêque Isembert Iᵉʳ, le premier des possesseurs connus du château de Chauvigny, appartenait à à la famille de Chauvigny et c'est par lui, ou par son neveu et successeur Isembert II, que la seigneurie sera passée à l'évêché.

D'Isembert Iᵉʳ à Mgr de Saint-Aulaire, évêque de Poitiers au moment de la Révolution, on compte cinquante-neuf titulaires de la seigneurie parmi lesquels un prince du sang royal de France, Louis Iᵉʳ d'Orléans petit-fils du roi Philippe VI, et six cardinaux : Guy de Malsec, Simon de Cramaud, Jean VII de la Trémouille, Gabriel de Grammont, Claude de Givry et Antoine Barberini.

La seigneurie de Chauvigny était qualifiée de baronnie depuis les XIVᵉ et XVᵉ siècles.

C'est seulement à une époque assez avancée du moyen âge

(1) *Mémorial de Saint-Pierre*. D'après ces récits, la ville primitive, appelée d'un nom gaulois qui aurait signifié « Ville des Saules », se serait élevée dans une vallée dite aussi « Vallée des Saules », celle qui porte actuellement le nom de « Vallée des Goths ». Le nom de « Vallée des Goths » consacrerait le souvenir d'un combat livré par les Francs du roi Clovis contre les Wisigoths lors de la célèbre bataille de l'an 507. L'un des chefs accompagnant le roi, Cherroë, aurait. alors, par ses ordres, pris possession du pays : ce chef aurait eu toute une série de successeurs (Théobrin, Midaric, Sigondius 1ᵉʳ, Sigondius II, etc.) dont l'histoire est continuée jusqu'au XIᵉ siècle.

(2) Les armes des Chauvigny de Châteauroux étaient d'argent à cinq fusées et deux demies de gueules posées en fasce avec lambel de sable à six pendants.

qu'on trouve le nom de la ville de Chauvigny mêlé d'une manière un peu apparente aux récits de l'histoire du pays.

Au temps de la guerre de Cent ans, la situation de la ville devait forcément lui donner sa part des évènements dont la province fut le théâtre. Les 15 et 16 septembre 1356, le roi Jean s'y arrêta en venant de la Haye en Touraine, à la tête de son armée, pour aller livrer au prince de Galles la funeste bataille de Maupertuis. Le duc de Normandie y revint, après le désastre, avec les débris de l'armée vaincue. — En 1369, le sénéchal de Poitou, pour les Anglais, Jacques d'Audelée et Guichard d'Angle, maréchal de Guyenne attaquèrent et brûlèrent Chauvigny en allant faire le siège de Brosse. La même année, le célèbre successeur de Jacques d'Audelée, Jean Chandos séjourna un instant dans la ville avant le combat de Lussac où il trouva la mort. — En 1372, dans le cours de la campagne contre les Anglais, le duc Jean de Berry et le connétable Du Guesclin assiégèrent les châteaux qui dominaient la ville. — En 1562, le maréchal de Saint-André y fit prisonnière, après une vive résistance, la petite garnison qu'y avaient mise les Protestants et il fit pendre les soldats qui la composaient. — En 1569, les Réformés conduits par l'amiral de Coligny reprirent la ville et la saccagèrent. — En 1590, Louis Chasteigner, seigneur d'Abain, avec son fils le baron de Malval, occupaient Chauvigny pour le roi : ils y furent attaqués par le vicomte de la Guierche, gouverneur du Poitou pour la Ligue, et d'Abain fut fait prisonnier. — En 1632, la ville fut occupée, au nom des Princes, par le marquis Charles de la Roche-Posay et reprise, peu après, avec le concours de la municipalité de Poitiers, par le duc de Roannez, gouverneur de la Province.

Pendant l'année qui précéda l'occupation par le marquis de la Roche-Posay, Louis XIV encore presque enfant traversa la ville, au retour d'un voyage de la cour dans le Berry. Il y passa la nuit du 30 au 31 octobre dans une maison ancienne encore conservée et qui, d'après une tradition assez vague, aurait été aussi le logis du roi Jean en 1356.

Les derniers incidents à signaler en ce qui concerne, à Chauvigny, les temps antérieurs à la Révolution, se rapportent aux souvenirs de la Réforme protestante. Le culte réformé s'était établi dans la baronnie vers l'année 1562. Bien que l'édit de Nantes indiquât, dans un de ses articles secrets, Chauvigny comme l'une des localités assignées aux Réformés, ils y rencontrèrent de grandes difficultés; après une lutte prolongée et très vive ils virent définitivement l'exercice de leur culte interdit par arrêt du Conseil en 1665.

## MONUMENTS ANCIENS

La ville de Chauvigny se partage en deux portions bien distinctes quoique rattachées maintenant par des constructions à peu près continues : — la Ville haute placée à l'extrémité d'une chaîne de collines venant du nord le long de la Vienne, — la Ville basse placée au-dessous, vers le sud, dans la vallée.

La Ville haute, noyau le plus ancien, avait son enceinte propre dont les vestiges apparaissent çà et là et qui laissait issue par diverses portes : — au sud, la porte de la rue Saint-Pierre (détruite) ayant comme avances, du côté est la *porte de l'Orfraye* (subsistante), et du côté ouest la *porte des Piliers* ou *des Tours* (subsistante), — au N. O. la *porte des Rampes* (détruite), — au N. E. la *porte de Gouzon* ou *Porteau* (fragment). Au delà de cette enceinte s'en trouvait une autre qui couvrait le faubourg de la Ville haute du côté du nord et enveloppait la Ville basse. La seconde enceinte avait issue, — en haute Ville, par les portes *Brunet* (fragment) et *Chevreau* (détruite), — en Ville basse, par les portes de *Châtellerault* (détruite), *des Barrières* (détruite), *Copin* (fragment). Du côté de la Vienne la ville avait, en outre, débouché par un pont depuis longtemps détruit et dont les bases se voient encore dans la rivière en face de l'ancienne grande rue.

Chauvigny possédait un nombre relativement étendu de monuments civils et religieux qui existent encore presque tous, mais

Inégalement conservés : — dans la haute Ville, le château baron-, nial, le château d'Harcourt, le château de Montléon, le château de Gouzon, l'église Saint-Pierre, l'Audience et, en dehors de l'enceinte intérieure, la Tour de Flins, l'église Saint-Martial, la métairie des Puis ; — en Ville basse, l'église Saint-Léger, l'église de Notre-Dame autrefois Saint-Just, le temple des Réformés, la maladrerie de Saint-Lazare, l'Hospice, le manoir des Templiers, le couvent des Franciscaines ; — monuments auxquels il faut ajouter différentes maisons particulières anciennes de la Ville haute **et de** la Ville basse.

On ne peut guère citer comme constructions modernes, **que la** Mairie et la Halle avec le pont actuel.

CHATEAUX

*Château baronnial.* — Le château de la seigneurie de Chauvigny, le château baronnial est placé à la pointe finale de la colline qui porte la Ville haute. Il comprend deux portions, la portion supérieure la plus ancienne, une portion inférieure.

La partie haute se compose d'un gros Donjon, en très grande partie conservé, mais évidé, pourvu d'une petite enceinte spéciale au nord avec retour vers l'ouest. La partie basse comprenait — une construction plus récente que le Donjon, connue généralement sous le nom de « Château neuf », et dont il ne reste plus qu'un fragment ; — en arrière, une seconde enceinte entourant le Donjon au sud, à l'est et, partiellement, à l'ouest.

Le Donjon paraît remonter, au moins comme origine, car il a été remanié, à l'évêque Isembert I<sup>er</sup>. Il se compose d'un quadrilatère d'environ seize mètres sur près de dix-neuf, pourvu de tours aux angles N. O. et S. O. et dont l'angle S. E. s'est écroulé à la fin du dernier siècle. On y pénètre, du côté N., par une porte assez basse et en plein cintre passablement dégradée. L'étage inférieur auquel cette porte donne accès était peu élevé et éclairé seulement par des meurtrières ; l'étage situé au-dessus et servant à l'habitation avait des fenètres assez amples dont on a, comme à la porte, arraché les parements : une seule fenètre, à l'est, restée à peu près intacte, donne l'idée de la forme complète, cintre unique à l'intérieur, double cintre, avec meneau séparatif, à l'extérieur.

Une citerne maintenant comblée existe sous l'esplanade à l'ouest.

Le « Château neuf », d'après ce qu'on peut voir de son architecture et d'après une indication plus précise encore qui résulte de l'apposition des armes de l'évèque Ithier de Martreuil sur le fragment conservé, remontait à la fin du xive siècle ou au commencement du xve. On voit la base de l'escalier à vis qui conduisait aux étages supérieurs et, en haut du pan de mur conservé, les débris de la chapelle qui était dédiée à Saint-Michel. — A la partie avancée de l'esplanade, s'ouvre un escalier dont les marches ont été brisées et qui conduisait à une cour basse. Dans le rempart oriental extrèmement ruiné apparaissent les bases d'une tour appelée, dans d'anciens documents, « la Tour du Puy (1) » et où était un puits maintenant comblé. Un souterrain paraissant conduire à la cour basse mentionnée ci-dessus débouchait de ce côté.

La porte extérieure du château était placée au pied du « Château neuf » ; un pont-levis établissait la communication avec le dehors. Un grand conduit aboutissant au pied et à l'extérieur du grand pan de mur conservé permettait d'introduire dans le château ou d'en sortir des objets sans avoir à baisser le pont-levis.

Un fossé protégeait le château au nord et à l'ouest ; on avait fait de sa partie nord encore conservée un jeu de paume et elle en a gardé le nom.

Délaissé par les évèques, le château de Chauvigny commença à tomber en ruines dès le xviie siècle. Il fut vendu, comme bien national, à des particuliers en 1793 et, sous ses nouveaux propriétaires, il devint une vraie carrière à matériaux. A la suite de démarches de la Société des Antiquaires de l'Ouest provoquées par l'un des membres de la Société, l'abbé Ch. Auber, l'État acheta,

(1) Titres du Chapitre de Saint-Pierre de Chauvigny.

en 1843, les ruines pour les sauver et il en a confié la garde à la Société. Quelques réparations de détail ont été faites, ces dernières années, par les soins du Service des monuments historiques.

Un chemin vicinal de nouvelle création va traverser un terrain clos qui avait été conservé en avant de la porte extérieure du château et un terrain contigu, autre dépendance, s'étendant entre le fossé nord et le château d'Harcourt.

*Château d'Harcourt.* — Le château d'Harcourt s'élève au nord et à quelques mètres du château baronnial. Il se composait de deux bâtiments juxtaposés : 1° au sud, un bâtiment encore subsistant, la Tour d'Harcourt, d'un peu moins de neuf mètres de large sur dix mètres de profondeur ; — 2° au nord, un second bâtiment un peu plus profond depuis longtemps ruiné. Au-devant, à l'ouest, s'étend un préau assez vaste divisé en deux portions de niveau inégal et environné par les anciens remparts flanqués de tours pleines. Le préau a accès au dehors, sur la rue de Saint-Pierre, par une porte en ogive percée dans un pavillon dont le haut a été dérasé.

Au rez-de-chaussée de la Tour d'Harcourt se trouve une pièce voûtée qui a été, sous l'ancien régime, la prison de la baronnie de Chauvigny et qui a, au-dessous d'elle, un double caveau paraissant avoir servi de complément à la prison.

Au premier étage est une pièce de même dimension coupée, à une époque toute moderne, en trois compartiments et qui était la pièce principale. On y voit encore l'ancienne cheminée ; deux fenêtres s'ouvrent à l'est sur la vallée de la Fontaine Talbat ; elles ont la même forme que l'ancienne fenêtre conservée du donjon du château baronnial, cintre unique à l'intérieur, double cintre à l'extérieur. L'accès de la pièce se faisait autrefois par un escalier droit en pierres partant du sol du préau et aboutissant à une porte ogivale maintenant métamorphosée en fenêtre.

On monte à l'étage supérieur par un escalier à vis en pierre. Le haut de cet escalier et le mur sud de l'étage supérieur ont été enlevés par l'artillerie dans une des attaques que le château a subies au XVIe ou au XVIIe siècle. La brèche bouchée sommairement se voit encore très bien à l'extérieur, le mur ayant été reconstruit seulement à demi-épaisseur.

Le bâtiment se termine par deux pignons aigus surmontés de fleurons récemment restaurés et ayant, à leur base, des galeries de guet. Le toit, comme on peut le voir aux redans intérieurs des pignons, a été baissé.

Le bâtiment septentrional, accolé, sans muraille à lui propre, à la Tour d'Harcourt, la débordait à l'est et à l'ouest. Les murs de ce bâtiment subsistent jusqu'à une certaine hauteur au nord et à l'est avec retour au sud. La façade ouest a été démolie en 1821. Dans l'intérieur, qui était ruiné et évidé, on a établi les installations actuelles, sans tenir compte du niveau des anciens étages, et l'on a disposé un escalier qui mène à la fois au grenier du bâtiment et au premier étage de la Tour d'Harcourt. Dans le grenier on voit la trace d'anciennes peintures murales d'ornementation découvertes en 1879 et qui ont fait l'objet de communications à la Société des Antiquaires de l'Ouest en 1880, au Congrès des Sociétés savantes de la Sorbonne en 1883.

La chapelle du château dont quelques débris ont été recueillis s'élevait, d'après la tradition la plus répandue, sur la gauche du logis septentrional.

Les cuisines étaient construites dans l'angle S. O. du préau. Un puits ou citerne existait dans la partie inférieure du préau.

Le mur sud de l'enceinte avait été renversé en même temps que la partie supérieure de la tour d'Harcourt ; il fut remplacé par un simple mur de clôture surhaussé en 1823.

On n'a point d'indication exacte au sujet de la date de construction de la Tour d'Harcourt et du bâtiment septentrional qui semble lui être de peu postérieur. Les deux bâtiments paraissent, d'après leur architecture, remonter au XIII° siècle.

Le château doit son nom à l'illustre famille normande d'Harcourt. Le fief qui appartenait aux vicomtes de Châtellerault passa avec la vicomté, vers 1275, aux Harcourt par suite du mariage de Jeanne de Châtellerault, sœur du dernier vicomte de la famille primitive, avec Jean II d'Harcourt, baron d'Harcourt en Normandie, maréchal et amiral de France. Les descendants de Jean II et de Jeanne de Châtellerault possédèrent, de longues années, la seigneurie (1). En 1447, l'un d'eux, Jean VII d'Harcourt, la vendit à Charles I<sup>er</sup> d'Anjou, comte du Maine, qui lui-même l'échangea, deux mois après, avec l'évêque de Poitiers (Guillaume de Charpagnes), dont elle relevait (2).

A partir de l'échange de 1447, le fief d'Harcourt demeura uni à la baronnie de Chauvigny. A l'époque de la Révolution, le château passa dans le domaine de la Nation et ne fut point vendu. On l'appropria, sous la Restauration, pour en faire un dépôt départemental de sûreté. C'est de cette époque que datent et la division du premier étage de la Tour d'Harcourt et l'aménagement du bâtiment septentrional et le dérasement du pavillon d'entrée.

L'État a confié le château d'Harcourt, comme le château baronnial, aux soins et à la garde de la Société des Antiquaires de l'Ouest : on a commencé à y réunir les éléments d'un petit musée archéologique local.

*Château de Montléon.* — Le château de Montléon qui paraît avoir été ruiné dès le xv<sup>e</sup> siècle n'existe plus qu'à l'état de débris assez informes noyés dans des constructions ultérieures. Il est situé au N. O. du château d'Harcourt et du château baronnial, au sud de l'église Saint-Pierre dont il est séparé par une ruelle. Il se composait, comme le château d'Harcourt, de deux quadrilatères environnés, tout au moins au nord et à l'ouest, d'une enceinte existant

---

(1) Au temps de la possession par la famille de Châtellerault, la vicomté était allée temporairement à la famille de Surgères (Hugues de Surgères, fils de Guillaume III) et à la famille de Lusignan (Geoffroy à la Grand'Dent, seigneur de Soubise, Vouvent et Mervent, fils d'Hugues VIII de Lusignan ; Geoffroy, seigneur de Jarnac, fils d'Hugues X et d'Ysabeau d'Angoulème). Au temps de la possession par la famille d'Harcourt, le fief d'Harcourt de Chauvigny fut quelque temps, par suite d'un mariage, entre les mains d'André de Chauvigny, vicomte de Brosse, fils d'André II, seigneur de Châteauroux.

(2) Les armes d'Harcourt sont de gueules à deux fasces d'or ; les armes de Châtellerault d'argent, au lion de gueules, à la bordure besantée d'or.

encore en partie. Le bâtiment septentrional, le plus ancien, était appelé « la Tour de Montléon ». Sa muraille sud, flanquée de deux tours pleines, domine l'ensemble des constructions actuelles.

Le fief paraît avoir appartenu primitivement à la famille des Ogers *Otgerii* souvent mentionnée dans les vieux documents du pays. Le château semble dater, comme origine, du XIIe ou même du XIe siècle. Il doit son nom actuel à la famille poitevine de Montléon issue, suivant toute vraisemblance, des Preuilly par les mâles et des anciens seigneurs de Montléon en Touraine par les femmes. Amenés, sans doute, dans le pays par une alliance avec les seigneurs de Montmorillon, les Montléon y eurent, outre le fief des Ogers, la seigneurie de Montmorillon, celle de Touffou, etc. Il ne faut pas les confondre, comme on l'a fait souvent, avec la famille toute différente des seigneurs de Mauléon-sur-l'Ouin à laquelle appartenait le célèbre chevalier troubadour Savary de Mauléon. Les Montléon occupèrent, pendant une période assez brève, leur seigneurie de Chauvigny. Le troisième titulaire connu Guy II de Montléon vendit, en 1295, sa châtellenie à Gautier de Bruges, évêque de Poitiers. Les évêques paraissent avoir aliéné le château et ses dépendances immédiates à des particuliers divers dès l'époque de sa destruction au XVe siècle, et un certain nombre d'habitations privées commencèrent évidemment dès lors à se dresser au milieu de ses débris (1).

*Château de Gouzon.* — Le château de Gouzon est un gros donjon de dix-neuf mètres sur treize placé au N. E. et à une très petite distance de l'église Saint-Pierre. Le bâtiment a conservé ses murailles, mais ses étages intérieurs ont disparu et un magasin y a été installé. L'ancien édifice était une forteresse de refuge éclairée seulement par des meurtrières intactes sur certains points, ailleurs élargies par l'enlèvement des parements. La porte détruite paraît avoir été ouverte dans la grande façade nord donnant sur la place

---

(1) Les armes des Montléon étaient de gueules au lion passant d'argent onglé et lampassé de sable.

de la Ville haute. A la façade est étaient accolées des constructions anciennes maintenant détruites et qui étaient destinées à l'habitation. Ces constructions étaient, dans leur partie nord, précédées de deux tours dont une subsiste encore en partie.

Comme les châteaux d'Harcourt et de Montléon, le château de Gouzon devait son nom à une famille étrangère au pays, la famille des seigneurs de Gouzon en Bourbonnais (1). Ils eurent le fief vers la fin du XIII<sup>e</sup> siècle par suite du mariage de Guy II de Gouzon avec Blanche de Beaumont appartenant à la famille des Beaumont du Châtelleraudais précédemment en possession, suivant toute vraisemblance par démembrement du fief de Montléon (2).

Le château de Gouzon de Chauvigny fut cédé par voie d'échange, vers 1357, à Fort d'Aux, évêque de Poitiers par Guy III de Gouzon. Le fief resta uni dès lors à la baronnie de Chauvigny. Le château paraît avoir été ruiné dans la période finale du moyen âge. Le dernier des évêques barons, Mgr de Saint-Aulaire arrenta ses ruines en 1767, à un habitant, le sieur Gardemaud, de qui le tient la famille des propriétaires actuels.

*Tour de Flins.* — La Tour de Flins est un petit château carré situé au N. E. du château de Gouzon, sur la droite de la rue de la Porte Brunet. C'est, comme l'indique bien la construction de l'étage inférieur, un édifice très ancien qui doit remonter, comme origine, à la même époque que la Tour de Montléon, mais dont les étages supérieurs ont été tout à fait métamorphosés, dans les dernières périodes du moyen âge, en vue de l'utilisation à l'usage d'habitation. C'est maintenant une auberge. Quelques modifications intérieures ont été faites à une époque toute moderne (accès du second étage, etc.). L'édifice présente encore, dans son ensemble, un aspect intéressant : sa charpente mérite une attention particulière.

(1) Les armes des Gouzon ne sont pas connues d'une façon très précise, mais paraissent avoir porté un triple pal.

(2) D'après certains indices, les deux fiefs paraissent être provenus originairement de la famille de l'évêque Isembert I<sup>er</sup>, qu'il faut probablement identifier, nous l'avons vu, avec la famille de Chauvigny.

La Tour dé Flins paraît avoir été un fief urbain des seigneurs de Flins sur la Vienne.

ÉGLISES

*Eglise Saint-Pierre.* — L'église Saint-Pierre, siège du Doyenné et église paroissiale tant de la ville haute que de la commune de Saint-Martial, est située au milieu même de la vieille ville. L'édifice dont on ne connaît pas la date exacte a été commencé dans le style roman et terminé pendant la première période du style ogival. Il se compose d'un sanctuaire avec déambulatoire et chapelles autour, d'un transept, surmonté, dans son milieu, d'un clocher, puis d'une nef avec bas-côtés.

L'église se développe sur une longueur d'environ 45 mètres avec une largeur de 13 mètres 25 centimètres dans la nef et de 20 mètres 30 centimètres au transept. Elle s'ouvre, par un grand portail, à l'occident. On pénètre, de ce côté, en descendant plusieurs marches et le sol de l'église s'en va en pente vers l'orient.

La façade et les autres portions antérieures de l'église sont d'un dessin assez simple. Le travail d'ornementation a été réservé à l'abside et à ses trois chapelles où il est d'une grande richesse ; ces parties sont toutes romanes. Il y a lieu de remarquer la disposition terminale des murs relevés en parapets courbes qui masquent la base des toits et simulent des couvertures en pierre à la partie absidiale. Le clocher forme un triple étage où apparaissent l'ogive surbaissée et le plein cintre.

Le sanctuaire est formé par sept travées : les grosses colonnes rondes de ces travées ont des chapiteaux curieux qui ont été décrits par M. de Caumont. Il faut signaler surtout les chapiteaux des deuxième et quatrième colonnes de droite.

Sur le chapiteau de la deuxième colonne on aperçoit, entre autres figures : — celle de l'ange Gabriel avec les légendes GABRIEL ANGELUS et DIXIT GLORIAM IN EXCELSIS DEO ; — sous chacune des ailes éployées de l'archange, un berger le bâton à la main PASTOR bonus, Pastores, — puis, — l'image symbolique de Babylone avec la légende Babilonia magna meretrix,—Babylone abandonnée Babilonia deserta, — l'archange Saint Michel, Micael archange-lus, pesant les âmes en présence du diable « Ecce diabolus » qui cherche à faire pencher la balance de son côté.

Sur le quatrième chapiteau, on voit l'adoration des Mages, l'Annonciation, le vieillard Siméon recevant Jésus et la tentation dans le désert. Sur l'une des faces on lit ces mots Gofridus me fecit.

Une arcature aveugle règne au-dessus des arceaux du sanctuaire,

Les armes de l'évêque de Poitiers Hugues de Combarel sont sculptées à l'entrée du sanctuaire sur une petite console du pilier de droite, console destinée évidemment autrefois à soutenir un reliquaire.

Le maître-autel, acheté, il y a une quinzaine d'années, par les soins du curé actuel, M. l'abbé Frédéric du Bost, est sorti des ateliers de MM. Charron et Beausoleil de Poitiers : le tabernacle provient de l'Eglise Saint-Léger.

Les trois chapelles de l'abside, surtout celle de la Vierge qui est au chevet, sont très dignes d'intérêt et s'harmonisent bien, par leur dessin roman, avec le sanctuaire.

La statue en bois qui orne la chapelle de la Vierge est ancienne : pendant la Révolution, on en avait fait, en en séparant, bien entendu, l'Enfant Jésus, une effigie de la Déesse Raison.

Sur la gauche du déambulatoire, se trouve une sorte de petit caveau servant actuellement d'issue à l'église de ce côté et qui paraît avoir été jadis affecté temporairement à la sépulture de l'évêque Pierre II, mort à Chauvigny, le 4 avril 1115, pendant l'exil que lui avait infligé le comte Guillaume VIII de Poitou.

Dans le transept, il faut remarquer les culs de lampe richement ornés qui, aux quatre piliers de la croisée, soutiennent des colonnes engagées.

Dans la nef apparaît l'ogive. De chaque côté, il y a cinq travées.

On voit, dans cette partie de l'église, des tombeaux sans inscriptions dont deux sont couverts par des statues mutilées portant les insignes sacerdotaux. Ces deux tombeaux paraissent, d'après leur ornementation, remonter au xive siècle.

Les chapiteaux des colonnes de la nef présentent des dessins très variés.

L'ancien baptistère de Saint-Pierre relégué hors de l'église a été recueilli au château d'Harcourt : il paraît remonter au xiie siècle.

Parmi les reliquaires de l'Église, il s'en trouve un qui renferme le chef de saint Martial et provient de l'ancienne église de ce nom. Ce reliquaire est une œuvre de la première partie du xviie siècle. Le tableau placé sur le mur de pignon du transept gauche et qui représente saint Martial a la même origine.

La croix de pierre placée à l'extérieur, au chevet de l'église et qui porte la date de 1643 est la croix de l'ancien cimetière qui environnait l'édifice.

L'église Saint-Pierre qui avait été, depuis le commencement du siècle, l'objet de réparations, assez importantes, a été restaurée aux frais de l'Etat, en 1849 et 1850 par un architecte de Poitiers, M. Baptiste Dupré, sous la direction de M. Joly Le Terme, architecte du Gouvernement.

Au cours d'une des réparations précédentes opérée en 1824, on avait fait disparaître un double étage de chapelles qui existaient, de chaque côté, à l'entrée de la nef.

Inutile de faire remarquer que la tribune et l'orgue actuels sont tout modernes. Au commencement de la nef, il y avait déjà autrefois des tribunes et, dans ces tribunes un orgue, mais il avait été enlevé dès le xvie siècle, d'après la tradition, par les Protestants.

L'église Saint-Pierre était, avant la Révolution, une Collégiale occupée, de temps immémoriaux, par un Chapitre ayant à sa tête deux dignitaires, le chantre et le chefvecier.

Le deuxième chœur où siégeaient les chanoines occupait la tête de la nef avec un espace double de celui où l'on voit les stalles actuelles. Une muraille environnait le chœur sur les côtés et à l'occident, ne laissant, dans cette dernière direction, qu'un passage dominé par un jubé. Quelques-unes des vieilles stalles, d'une simplicité rustique, existent encore et ont été portées dans les bas-côtés de la nef. La première d'entre elles restait vide d'ordinaire et était réservée à l'évêque.

Les armes du Chapitre étaient de gueules à une croisette d'or surmontée de deux clés d'argent posées en sautoir. Ces armes sont figurées sur le chapiteau d'une des colonnettes engagées du bas-côté gauche de l'église.

Les archives capitulaires existent encore, en grande partie, et ont été, à l'époque de la Révolution, transportées au dépôt des archives du Département. On a, en dehors, conservé une sorte de mémorial, évidemment apocryphe en beaucoup de ses parties, qui commencé, dit-on, originairement par l'un des archidiacres de l'évêque Pierre II, Martial Hubert, aurait été continué, après lui, par plusieurs chanoines (1) ; on y trouve retracées diverses périodes de l'histoire du pays.

*Eglise Saint-Martial.* — L'église Saint-Martial, abandonnée depuis les premières années du siècle, est maintenant une grange : elle est située au nord de l'église de Saint-Pierre, du château de Gouzon et de la grande place de la ville haute dont elle est séparée par un rideau de maisons. C'est une nef d'aspect austère, l'une des constructions les plus anciennes de Chauvigny, à en juger par son style, à défaut d'indications historiques précises (2). Le vaisseau a environ vingt cinq mètres et demi de long sur neuf mètres et demi de large. Il est éclairé par des fenêtres très étroites en plein

(1) Bernard, Biton. etc. L'auteur de cette Note a donné des détails assez étendus au sujet du Mémorial de Saint Pierre dans un travail présenté, le 20 décembre 1883, à la Société des Antiquaires de l'Ouest : « De la Chronique attribuée à Martial Hubert et aux chanoines de Saint-Pierre de Chauvigny. Des travaux de MM. Vignaud de Beaulieu et Narcisse Piorry sur Chauvigny ».

(2) Suivant une des traditions légendaires consignées dans le Mémorial de Saint-Pierre, l'église Saint-Martial aurait été fondée au vii<sup>e</sup> siècle en souvenir de l'intervention miraculeuse du saint, lors d'un siège du château de Chauvigny par Boggis, duc d'Aquitaine.

cintre, et se termine, à l'orient, comme la cathédrale de Poitiers, par un mur droit. La principale entrée, placée du côté sud, paraît avoir été ouverte ou agrandie après coup : elle est en ogive. L'église avait autrefois une voûte qui a été détruite. Il y a, sur le mur est, quelques traces d'anciennes peintures.

Le Chapitre de Chauvigny était autrefois patron de Saint-Martial et avait, comme tel, la présentation du curé.

La chapelle de Notre-Dame de Grâce, siège d'une chapellenie dépendante de l'église, s'élevait, à peu de distance au N. O., sur l'emplacement du cimetière actuel de la ville haute de Chauvigny et de la commune de Saint-Martial. Il n'en reste plus rien.

*Église Saint-Léger.* — L'église Saint-Léger, bien métamorphosée et devenue une halle pour la vente des grains, est située en ville basse, au sud de l'ancienne grande rue de la ville et au nord de la place.

L'église, remaniée fortement après coup, existait déjà au xi° siècle ainsi que l'atteste un passage du cartulaire de l'abbaye de Saint-Cyprien de Poitiers (1). Elle se composait, en dernier lieu, d'un chœur, d'un transept et d'une nef flanquée de deux chapelles latérales extérieures. Un clocher sans caractère s'élevait sur le milieu du transept.

Le grand portail, suivant l'usage, était à l'occident. Il a été détruit ainsi que le clocher et le chevet dont l'emplacement est occupé par les bâtiments de la mairie. La muraille gauche de la nef et le bras gauche du transept sont encore parfaitement apparents. La muraille droite de la nef existe aussi, mais se confond plus avec les constructions nouvelles de la halle. Le chevet fermé par une muraille droite et percé de trois fenêtres étroites en plein cintre ressemblait beaucoup à celui de Saint-Martial.

La nef, à partir du pilier d'angle du transept, a une longueur d'environ 21 mètres 75 cent. ; sa largeur est à peu près de 7 mètres 65 cent. ; elle paraît avoir été allongée après coup et n'avoir

(1) Charte n° 210.

eu originairement que 12 mètres 50 cent. de long. La portion joignant le transept et qui est certainement de la construction primitive avait une voûte : la portion qui touchait à la façade n'en avait pas. Deux baies de petite dimension, une fenêtre en plein cintre et une porte terminée par un arc surbaissé se voient encore dans la partie ancienne de la muraille nord. Le transept a été ajouté au monument primitif et paraît n'avoir jamais été achevé que du côté nord où il subsiste intact : la construction est ogivale.

Sur le haut de la nef au nord s'ouvre une chapelle latérale très bien conservée et également en style ogival.

Abandonnée en principe dès le commencement du siècle, l'église Saint-Léger a cessé, en fait, d'être affectée au culte en 1823. Sous l'ancien régime elle avait, comme l'église Saint-Martial, le Chapitre de Saint-Pierre pour patron.

*Église Saint-Just* maintenant *Notre-Dame*.—L'église Notre-Dame église paroissiale de la Ville basse de Chauvigny, est située au fond de la place sur le bord de la route nationale, au S. E. et à quelques pas de l'église Saint-Léger. Elle a été construite au XI<sup>e</sup> siècle par l'évêque Isembert I<sup>er</sup> ainsi qu'en témoigne le cartulaire de Saint-Cyprien de Poitiers (1). Elle était alors placée sous le vocable du *Saint-Sépulcre* auquel vint s'ajouter bientôt celui de *Saint-Just* qui prévalut. C'est un édifice roman d'environ 33 mètres 30 cent. de longueur composé d'une nef à plein cintre, d'un transept, d'une abside renfermant le sanctuaire avec deux absidioles latérales formant chapelles.

La nef communique avec les bas-côté par trois arcades en plein cintre reposant sur d'épais piliers. Un clocher surmonte la voûte octogonale de la croisée du transept. L'église a un double portail, — à l'occident au bas de la nef — et au commencement de son côté nord. Comme à Saint-Pierre les constructions sont à l'extérieur assez nues, sauf vers le chevet très travaillé et d'un fini remarquable. Le portail de l'ouest et la partie attenante qui tom-

_________

(1) Charte n° 210.

baient en ruine ont été refaits, sous le deuxième Empire, à l'aide d'allocations de l'État et sous la direction de M. de Mérindol, architecte du Gouvernement.

Le premier étage du clocher est orné d'une arcature à plein cintre. L'étage supérieur reconstruit après coup est tout massif.

L'intérieur de l'église offre quelques détails intéressants. Les chapiteaux du transept méritent examen et l'attention doit se fixer aussi sur une grande fresque du pignon droit du transept.

Les chapiteaux sont d'une ornementation très variée. Sur l'un d'eux on voit figurés Adam et Ève devant l'arbre de la science du bien et du mal autour duquel est enroulé le serpent ; sur une autre face du même chapiteau on voit un calice placé entre deux animaux fantastiques.

La fresque du transept qui, d'après les costumes, paraît dater de la fin du xv° siècle, a été découverte, au mois de mars 1848, sous le badigeon, par le curé actuel de Saint-Pierre, M. l'abbé Fréd. du Bost alors curé de Notre-Dame. Mise à jour par ses soins et par ceux de M. l'abbé G. Auber, elle a été restaurée par M. Honoré Hivonnait de Poitiers. Cette fresque représente le portement de la croix à l'état d'allégorie, l'Humanité associée aux douleurs du Christ : de nombreux personnages appartenant aux diverses classes accompagnent le Sauveur et partagent son fardeau. L'inscription placée au-dessous de la fresque et qui a été découverte en même temps n'est point relative à la peinture ; elle était conçue dans les termes suivants un peu altérés dans la restitution : « L'an mille quatre et cinq cens : Jean Franscois Morin de ceanx : prieur fist faire cest hospice : et les aultiers de cet oratoire : (mot illisible) blanchir marqueter : léglise de céans et paver : prions Dieu qu... (plusieurs mots plus ou moins effacés et illisibles) et (lacune) pardon leur face ; amen ».

A la muraille de pignon du transept gauche sont appendus deux tableaux, dont l'un représente une religieuse prosternée devant le Christ, l'autre, un guerrier prosterné devant un évêque. Le second a son histoire consignée dans les anciens registres de l'église Saint-

Léger, à laquelle il fut donné autrefois. Une mention de ces registres indique que le tableau a été offert, le 17 août 1702, par le sieur Joseph de l'Isle, originaire de Chauvigny, qui l'avait fait bénir, à Rome, par le pape Clément XI.

Les vitraux du chœur, l'Assomption de la Vierge, saint Just, saint Léger datent de 1874 ; ils ont été, ainsi que le maître-autel, posés par les soins du curé actuel, M. l'abbé Hipp. Verger.

Il y a peu d'années, le fond de l'abside était masqué par un grand rétable derrière lequel était une sacristie exigue. Grâce aux soins de M. l'abbé Verger et de son prédécesseur, M. l'abbé Marchand, une sacristie a pu être établie au dehors : l'abside a été rendue entièrement au sanctuaire et restaurée dans les conditions actuelles.

Isembert I<sup>er</sup> avait donné l'église et des dépendances à l'abbaye de Saint-Cyprien de Poitiers, dont elle devint un petit prieuré. Les religieux résidaient dans un bâtiment contigu encore existant du côté sud. En 1689, le prieuré fut uni au grand séminaire du diocèse. Après la Révolution, l'église Saint-Just ne fut définitivement rendue au culte qu'en 1822. C'est à cette époque que son nom, plusieurs fois séculaire, fut changé en celui de Notre-Dame.

*Temple des Protestants.* — L'ancien temple des Protestants existe encore. C'est un bâtiment datant du moyen âge, mais sans caractère et devenu une grange, situé entre la rue Saint-Léger, à son extrémité est, et la dérivation nord du ruisseau de la Fontaine Talbat. Les Protestants paraissent avoir célébré aussi leur culte à Chauvigny dans l'ancien manoir des Templiers, situé rue Saint-François, et dont il sera question plus loin. Le culte réformé fut, comme nous l'avons dit, supprimé à Chauvigny à dater de l'année 1665.

## ÉTABLISSEMENTS HOSPITALIERS. — COUVENTS.

*Maladrerie de Saint-Lazare.* — La maladrerie (ou, suivant une formule abréviative depuis longtemps usitée, la maladrie) de Saint-

Lazare était située sur la rive gauche de la Vienne, à l'angle de l'ancienne route de Poitiers et du chemin qui va, de ce côté, à Bonnes. Elle était d'origine très ancienne puisque, dès le XI<sup>e</sup> siècle, on voit, d'après une mention du cartulaire de Saint-Cyprien de Poitiers (1), qu'il existait, à cet emplacement, une maison pour les malades, *domus infirmorum :* elle fut réunie, en 1672, au domaine de l'Ordre de Notre-Dame du Mont-Carmel et de Saint-Lazare de Jérusalem, puis en 1696, à divers établissements du pays pour former un hôpital nouveau.

Les bâtiments ont disparu et il ne reste de la maladrerie que quelques débris, notamment une croix de pierre placée sur le chemin de Bonnes.

D'après le Mémorial de Saint-Pierre, il y aurait eu, au XII<sup>e</sup> siècle, de l'autre côté de la ville, vers le commencement de la vallée de la Fontaine Talbat, une autre petite maladrerie établie par l'évêque Pierre II. C'est à un troisième établissement de ce genre que, d'après la tradition locale, se rattachait l'existence de la chapelle de Graillé en ville haute, près de l'église Saint-Martial. Cette chapelle est maintenant ruinée.

*Hospice de Chauvigny* autrefois *Aumônerie de la Magdeleine.* — L'hospice de Chauvigny est situé sur la limite même de la commune, à l'endroit où elle joint le faubourg appartenant au territoire de Saint-Pierre-les-Églises.

On ne connaît pas bien exactement la date de la fondation de l'Aumônerie de la Magdeleine, qui a été le noyau premier de l'établissement actuel. Cette aumônerie existait déjà du temps de l'évêque Gautier de Bruges, c'est-à-dire à la fin du XIII<sup>e</sup> siècle ou au commencement du XIV<sup>e</sup>; elle est mentionnée avec quelque détail dans le *Grand Gautier de l'évêché de Poitiers;* il résulte de ses indications qu'elle avait été donnée à l'évêché par la famille de Montléon. En 1672, elle fut réunie au domaine de l'Ordre de Notre-Dame du Mont-Carmel et de Saint-Lazare de Jérusalem. En 1695, elle

(1) Charte n° 210.

fût enlevée à l'Ordre et, avec l'adjonction des maladreries de Chauvigny et de Mortemer, de l'aumônerie de Celle l'Evescault, etc., elle forma le nouvel hôpital de Chauvigny.

Les bâtiments actuels n'ont rien qui doive appeler l'attention. La chapelle placée au sud, le long de la dérivation méridionale du ruisseau de la Fontaine Talbat, a été remaniée et présente un aspect absolument moderne.

*Manoirs des Templiers.* — Les Templiers paraissent avoir eu à Chauvigny deux résidences, l'une en Ville haute, le *Manoir des Puis,* l'autre en Ville basse, le *Temple.*

On cherche, d'ordinaire, à la métairie des Puis le souvenir de la résidence que les Chevaliers du Temple auraient possédée dans la Ville haute. Cette métairie est située à peu de distance de l'ancienne enceinte extérieure de la ville, sur la gauche du chemin menant à Bonnes. Dans les bâtiments, on voit quelques vestiges de constructions du moyen âge, notamment une fenêtre à accolade maintenant murée qui s'ouvrait du côté du chemin. Il est probable que la portion principale du manoir était le vieux bâtiment qui se trouve un peu plus au sud, dans l'ancienne enceinte, à l'entrée du même chemin. Il se compose de deux constructions se suivant, très dénaturées, mais où apparaissent plusieurs baies murées dans lesquelles on retrouve l'ogive et le plein cintre qui domine.

Le manoir dénommé le *Temple* est situé sur la droite de la rue Saint-François, assez près de l'endroit où elle joint l'ancienne grande rue. C'est un carré long de 20 mètres 40 cent. sur 13 mètres 20 cent. légèrement infléchi sur l'extrémité nord et faisant, dans la partie sud, retour en arrière. La façade qui se développe, à l'ouest, sur la rue a un étage inférieur assez nu. Au-dessus se profile un cordon et s'ouvrent quatre fenêtres cintrées pourvues, sur le devant, de nervures. Une boulangerie est installée dans le vieux monument. Dans la pièce très spacieuse qu'on a sur la droite en pénétrant dans l'étage inférieur, on a retrouvé, il y a quelques années, une peinture sous le badigeon. Cette peinture, qui rappelait, paraît-il, la disposition sinon le sujet de la fresque de l'église Notre-Dame, fut détruite immédiatement par la réfection de l'enduit du mur.

De belles caves voûtées s'étendent sous le bâtiment.

*Couvent des Franciscaines*. — D'après une tradition consignée dans un document local, les religieuses Franciscaines auraient été établies à Chauvigny par l'évêque Gautier de Bruges, qui appartenait à l'ordre de Saint-François et avait été son provincial à Tours. Elles auraient eu leur installation première en Ville haute près de la porte Brunet, au nord de la tour de Flins. Au XVIIe siècle seulement, elles auraient transféré leur résidence dans un logis qui sans doute leur appartenait déjà en Ville basse, un peu au-dessous de la porte de Châtellerault et sur la droite de la rue à laquelle elles ont donné leur nom (rue Saint-François). Le couvent se composait de maisons d'antique apparence encore subsistantes, au moins partiellement, à la suite desquelles venait la chapelle détruite, il y a quelques années, pour faire place à la salle d'asile communale. Les terrains de la communauté s'étendaient le long de la Vienne et un pont passant sur la rue rejoignait cette partie de la propriété au couvent.

### ÉDIFICES DIVERS D'ORIGINE ANCIENNE

*Audience*. — L'édifice qui était le siège de la justice seigneuriale de Chauvigny existe encore au sud de l'église Saint-Pierre, au N. E. de la Tour de Montléon. C'est une grange qui, à part quelques restes d'ouvertures anciennes, ne présente aucun caractère. L'ancienne porte d'entrée, placée à la façade ouest, a été détruite.

*Maisons particulières*. — Dans la Ville haute se sont conservées quelques maisons anciennes intéressantes par divers détails, fenêtres, cheminées, etc.; on peut citer, entre autres, la maison de M. Maché, sur la place, en face le château de Gouzon. En Ville basse on peut citer : — au commencement de la rue du Château, la maison de M. l'abbé du Bost, celle où, d'après la tradition, a logé Louis XIV, — la maison de M. Xavier Robin, un peu plus bas sur la gauche, dans la rue Saint-Léger, — la maison de

M. Cassière, près de l'ancien pont, etc. Dans la maison de M. l'abbé du Bost il y a lieu de remarquer, outre la façade, la cage de l'escalier avec la petite cour placée en avant.

## MONUMENTS MODERNES

*Mairie et Halle.* — Chauvigny avait autrefois sa maison commune vers le commencement de la place actuelle de la Ville basse. Le double bâtiment qui renferme la Mairie actuelle et la Halle a été élevé, sous le Gouvernement de la Restauration, à l'instigation d'un administrateur intelligent et plein d'initiative, M. A.-H. Germonneau du Charaud (1) qui a dirigé, à cette époque, les affaires de la commune. La construction a été, nous l'avons dit plus haut, faite sur l'emplacement et avec appropriation partielle de l'église Saint-Léger. Les deux édifices se relient dans un même ensemble qui se développe le long de la route nationale et de la place de la Ville basse. La justice de paix a son prétoire à l'étage inférieur de l'hôtel de la Mairie. Dans la grande salle, au premier étage, se trouve le buste d'un fils de Chauvigny dont le pays aime à se rappeler la brillante et honorable carrière, M. C.-M. Tranchant, inspecteur général de l'Université de France, né en 1767, sur le territoire de la paroisse Saint-Léger, mort en 1831 (2).

*Pont nouveau sur la Vienne.* — Après la destruction de l'ancien pont, le passage s'était effectué à l'aide d'un bac. En 1833, en face la route nationale rectifiée, on construisit un pont suspendu fort élégant qu'a remplacé en 1868 le pont actuel en pierres (3).

(1) Maire de Chauvigny, conseiller général de la Vienne.

(2) Le buste de M. Tranchant, posé en 1862, est l'œuvre d'un artiste poitevin, M. O. Hivonnait, ancien conservateur du Musée de l'Ecole des beaux-arts de Varsovie.

(3) A quelque distance en amont de Chauvigny, sur le territoire de la commune de Saint-Pierre-les-Eglises, s'élève un pont tout récemment construit qui porte, à la traversée de la Vienne, la voie du chemin de fer reliant Poitiers au Berry (chemin de fer de Nouaillé au Blanc).

*Ecoles*. — Chauvigny va être doté prochainement d'une école municipale construite dans des proportions relativement monumentales et qui s'élèvera près de la Vienne, un peu en amont du pont. On avait construit, il y a un certain nombre d'années, pour l'école des garçons, au bout de la rue Saint-Léger, un bâtiment plus modeste sur l'emplacement de l'ancien hôtel de la famille de Chessé et en conservant quelques fragments de cet hôtel.

Le souvenir des écoles existant à Chauvigny sous l'ancien régime est perpétué par le nom d'une rue (1) qui, partant du point où s'élevait la porte de Châtellerault en Ville basse, aboutit en Ville haute un peu au-dessus de l'endroit où s'élevait la porte des Rampes. D'après certaines indications, ces écoles auraient été fondées par Mgr de Baglion de Saillant qui occupa le siège épiscopal de Poitiers de 1686 à 1698, mais il ne s'agirait, en tous cas, que d'une rénovation : on trouve dans le *Grand Gautier de l'évêché de Poitiers* (2), mention d'écoles existant à Chauvigny dès le XIIIe siècle sous l'autorité du Chapitre de Saint-Pierre.

(1) Rue des Grandes-Ecoles.

(2) *Grand Gautier*, folio 179, recto.

# TABLE DES MATIÈRES




Paris. — Imp. Léautey, rue St-Guillaume, 24.